JN418468

더 깊고
더 아픈
사랑

더 깊고 더 아픈 사랑

초판 1쇄 발행 2021년 8월 14일

지은이 나은숙
펴낸이 장길수
펴낸곳 지식과감성#
출판등록 제2012-000081호

교정 오현석
디자인 조인경
편집 조인경
검수 오현석, 윤혜성
마케팅 고은빛, 정연우

주소 서울시 금천구 벚꽃로298 대륭포스트타워6차 1212호
전화 070-4651-3730~4
팩스 070-4325-7006
이메일 ksbookup@naver.com
홈페이지 www.knsbookup.com

ISBN 979-11-392-0027-0(03810)
값 10,000원

지식과감성#
홈페이지 바로가기

나은숙 시집

더 깊고 더 아픈 사랑

지식과감성#

시인의 말

창밖에 초록빛 물결을 바라보며 사랑하는 독자들을 생각하는 순간 화양연화(花樣年華)였습니다.
지금 이 첫 시집을 내는 순간이 내 인생에서 가장 아름답고 빛나는 순간이라 생각합니다.
코로나 블루 시대에 제 한 편의 시를 읽고 공감하여 위안이 되고 힘이 되었으면 좋겠습니다.
앞으로 생활 속의 문학, 문학의 생활화가 되도록 노력하며 저를 사랑해주시고 응원해주신 모든 분들께 진실한 제 마음을 담아 감사드립니다.

저자 나은숙

목차

1부

따뜻한 생활과 사랑의 변주곡

2부

시간과 공간을 넘어선 추억과 그리움

3부

자연을 통한 정화와 휴식

4부

존재에 대한 내면적 성찰

1부

따뜻한 생활과 사랑의 변주곡

더 깊고 더 아픈 사랑

보고 또 봐도 보고픈 사랑
눈을 감아도 망막 속에 맺힌 사랑
잠이 들면 꿈속에서 아늑한 사랑
상상 속에 용광로처럼 끓는 사랑

그 사랑을 더하면 눈물이 강이 되고
그 사랑을 빼면 순수한 사랑만 남는다

사랑은 주고받는 사랑보다
한없이 주거나 무조건 받기만 하는 사랑이
더 깊고 더 아픈 사랑이다

바람이 전하는 말

하고 싶은데 하지 못할 때가 있고
하고 싶지 않은데 해야만 할 때가 있다
그런 삶으로 시간은 흘러 오늘이 있다
소중한 오늘은 나의 선물이다

잠시 내 곁에 머문 바람이 내 귀에 속삭인다
더욱더 강하고 담대하라고
오늘은 바람 불어 좋은 날
나의 선물은 바람이 전하는 말이다

떠나는 그대

어느덧 붙잡을 수 없는 분침은 흐르고
가을은 떠나가고 있다

향기로운 국화 오색찬란한 단풍
우리의 감성을 자극했다
길가에 흩날리는 낙엽이 짓밟힐 땐
가슴 한편이 아리다

그대도 쓸쓸한 이 가을에 떠나가려 하고 있다
부디 외로움이 더하지 않게
포근한 눈이 내리는 날
하얀 눈을 밟으며 떠나게 하소서

아픈 사람들에게 사랑을

눈물을 머금고 아픈 사람들
되돌아본다
정신적으로 아픈 사람들
육체적으로 아픈 사람들
아픔은 혼자만의 외로움과 고통의 시간
그 어느 누구도 대신해줄 수 없는
자기 자신과의 싸움이다
아픈 사람들에겐 그 곁에서
관심을 주는 것만으로도
위안이 된다

친구

멀리서 날 보러 오는 친구들
환한 미소로 찻잔을 마주하고

이심전심으로 나누었던 대화 속에
그들의 따스한 마음이
가슴 안에 스며들 때
시린 눈물 모아서 피어나는
막역지우라

빛나는 웃음

늘 그랬듯이 웃음으로
무표정한 내 얼굴이 화사해진다
행복해서 웃는 게 아니라
웃어서 행복해졌다

사람들은 웃음에 인색하다
웃음으로서 암세포가 사멸하고
웃음으로서 통증이 줄고
웃음으로서 고민이 순간 해소되고
웃음은 찌든 얼굴을 예쁘게 만들어준다
웃음은 모든 병에 특효약인 것 같다

우리 모두 언택트 시대에
모든 것을 내려놓고
웃음으로 빛을 발산하는
빛나는 마음으로
내 안에 세로토닌을 저장하면 어떨까

소개팅

서서히 다가오는 발자국 소리
고개를 돌릴까 말까
망설이다가
서로 마주친 눈빛
어색하고 쑥스러워서 미소로 대신한다

오고 가는 대화 속에
서로 의사소통이 잘 되는 사람이길
밝고 긍정적인 사람으로
한 곳을 바라보며
함께 공감할 수 있는 사람이길 원한다

또다시 만나고픈 여운이 있는 사람이길
기대하며
또 다른 만남을 기약해본다

선택하는 삶

선택이 한순간을 좌우한다
우리는 매일매일 선택해야 하고
눈뜨자마자 선택의 기로에 선다
씻고 먹을까 먹고 씻을까
커피 마실까 홍차를 마실까
러블리한 원피스를 입을까
트렌치코트 입고 가을 분위기 낼까
하루에도 수십 번 선택하는 삶으로 이어진다
탁월한 선택은 나의 행복이다

어느 날의 커피

새 옷 입고 들뜬 기분으로 외출을 한다
머무는 그곳 어디일지 모르지만
머무는 눈길에 멈춰선 그곳
그곳은 내가 설레는 분위기 있는 카페였네

잔잔한 음악이 내 청각을 흥분시키고
그윽한 커피 한 잔은 내 코끝으로 흐른다

눈을 감고 귀를 열어 시간의 흐름도 잊은 채
감미로운 향기 속에 망중한을 즐긴다

봄빛이 가슴에 스친다

위로가 필요한 사람들
따뜻한 말 한마디에
그들은 큰 위안이 된다

서로가 위로하고 위로받고
주고받는 훈훈한 정으로
아름다운 세상에
봄빛이 가슴에 스친다

사랑하는 가족

가을이 오는 길목에서
가을 분위기를 한껏 연출해줄
감각적인 조명을 선택했다
온 가족이 함께하는 거실 조명을
더욱 사랑이 가득한
따뜻한 주황빛으로
때론
휴식을 취할 수 있는
스탠드처럼 은은한 간접 조명으로
쓸쓸한 이 가을에 멋진 조명 아래
더욱 사랑하는 우리 가족이 되길 바라네

외로운 풀꽃

풀꽃을 무심코 그냥 지나치고
풀꽃을 무심코 짓밟고
아무런 관심도 주지 않을 때

함초롬히 피어있는 외로운 풀꽃
너를 안고 흠뻑 취한다

멋진 연주회

양식을 위해 논을 갈고 물을 대는 농부
가지런히 모를 심고 풍년을 기원한다

적막한 고요 속에 들려오는 아름다운 화음
개굴개굴 개구리 노래 부르는 소리
그럭그럭 두꺼비 무게 잡는 소리
풀벌레 노래와 새들의 구애하는 소리

어느 오케스트라보다 멋진 자연 속 연주회다

따스한 전율

다시 내민 손
잡을까 말까
수줍어하면서
꼭 잡았다
따스한 전율이
가슴으로 스민다

멋진 하우스

가구를 바꾸는 그날
들뜬 마음으로 기다리네
어디에다 놓아야 한결 인테리어가 될까
생각만 해도 순간
엔도르핀이 내 안에 가득
드디어 가구가 설치되니
빛나는 멋진 하우스
내 안에 행복 뿜뿜

그녀들의 웃음꽃

그녀들이 우아하게 한자리에 모였다
그녀들의 형형색색 꾸밈으로 눈부시다
그녀들의 꽃단장한 모습은
뭇사람들을 설레게 하고
마음속에 꽃이 활짝 피어난다
그녀들의 수다 속에 피어오르는 웃음꽃
그녀들의 웃음꽃은 우리들의 행복이다

시장

아줌마가 시장에 갔다
시장엔 먹거리가 풍성하고 인심이 좋다
하나 덤으로 더 받는 훈훈한 정이 느껴지는 곳
또한
생존의 희망이 느껴지는 곳
그곳에서 삶의 활력소를 느껴본다

한 지붕 새 가족

한 지붕에
대학생 공무원 회사원
새로운 가족이 모였다
아침에 나갔다가
저녁에는 어김없이
들어오는 하숙집
하숙집은 고향이다
하숙집 아줌마가
밥 한 주걱 반찬 하나
더 얹어주는 저녁 밥상
그 손길에 이끌려
오늘도 달려오는 하숙생
한 지붕에
따뜻한 마음이 익어가고
고향의 별이 그리우면
도시의 밤도 깊어간다

생일 선물에 빠진 나

생일을 눈앞에 두고
화려한 초코케이크에 촛불이 아른거린다
생일 축하해 손 편지와 함께
반짝이는 빨간 루비 반지가 유혹한다

그토록 하얀 손가락에 빨간 루비 반지 끼고
뽐내고 싶었던 루비 반지
나의 로망이 이뤄진 순간
자아도취에 흠뻑 취해본다
남편한테 고맙다는 표현도 못 한 채

아름다운 정원

지금 안 보면 못 볼 것 같은 예감
수십만 종의 예쁜 꽃들과 식물들
무더운 여름날 마스크 쓴 우리들을
반갑게 환영해준다

아름다운 정원으로 우리의 마음을 품은
여유로움에 들뜬 기분이다

우리 가족에게 기쁨을 줄 수 있는
해변가를 연상시키는 멋진 야자 식물
우리 가족을 정화시키고 있다
예쁜 화초가 잘 자라도록 사랑을 듬뿍 주리라

추어탕

추어탕 한 그릇
뜨거운 김이 모락모락
나의 후각을 자극한다
추어탕 한 모금 목을 타고 발끝까지
온 전신으로 퍼져갈 때
온몸에 혈류가 돌아 기력이 충만하다
힘들고 지칠 때 힘이 되어주는 추어탕
보양식은 나의 힘

값진 손 편지

어느덧 시간이 흘러
결혼기념일이 다가왔다
정성 들여 사랑을 듬뿍 담은 손 편지
그 어느 선물보다 값진 보배로운 그대의 마음

사랑하는 사람으로부터 받은
감동의 손 편지
세상을 다 얻은 듯 눈물을 머금고
고이 행복을 간직하고파

라면

라면 한 젓가락이 혀끝으로 느끼는 순간
미각에 매료되어 식도를 타고 꿀꺽
오랜만에 맛보는 라면
이렇게 맛이 있다는 걸 이제야 알았다

나의 뇌 속에 순간 도파민이 가득
중독이 되지 않을까
그래도 절제해야 되겠지

뜨거운 감자

뜨거운 감자
김이 모락모락
하얀 속살이 드러나고 있다
수줍은 듯 온몸을 감싸 안고
만인을 애타게 한다

봄나물

채소 한 바구니
봄나물을 고소한 참기름에 무쳐
달걀프라이 올려놓고
쓱싹쓱싹 비벼서 한 끼 뚝딱
제철 음식으로 보양이 되고
봄나물은 나른한 나의 세포를 깨운다

2부

시간과 공간을 넘어선 추억과 그리움

한 사람

한 사람이 있습니다
당신은 그 어디에도 없습니다

그 언제나 가슴속 깊이
뜨거운 사랑을 듬뿍 담아
웃음꽃을 활짝 피게 해준 당신

이젠 수백 번 불러도 못 올 당신
그 이름 사랑하는 나의 어머니
많이 보고 싶은 그리움으로
아련하게 떠오르는
눈물 나는 추억입니다

어머니의 은정

시집간 고명딸 보고 싶어
온종일 전화기 앞에
서성이는 어머니

막내딸 좋아하는 불고기 동태전 잡채
챙겨놓으시고
대문 밖에 나오셔서 기다리던 어머니

만나면 헤어짐이라
어머니의 헌신적인 사랑 듬뿍 받고 떠날 때
우리 차가 멀어질 때까지
아쉬움을 남긴 채 눈물바람으로
따뜻한 사랑을 전해주셨던 어머니
어머니의 은정은 한이 없어라

품격 있는 멋진 엄마

정이 많으시고 글을 좋아하셨던 엄마
어려운 이웃들을 돌아보며
사랑이 많으셨던 엄마

나 어릴 때 성장 과정들
해가 지도록 뛰놀 때
멀리서 들리는 밥 먹으라는
엄마의 다정한 목소리

고부간의 갈등으로 힘겨웠던 마음
추스르는 과정들이 짠하다

다양한 일기 형식
한 권의 책을 읽고 애달픈 마음
눈시울이 뜨거워졌다

강물처럼 흐르는 세월

강가에 앉아있는
피어오르는 물안개 속에
희미하게 보이는 물새 한 마리 고요하다

강 건너 불어오는 바람 소리
파란 하늘 아래 적막하다

흘러가는 강물은
하염없이 흐르고 있다
가는 세월 잡을 수 없듯이

어느 날의 추억

어느 날 갑자기 찾아온 그대
내게 가슴 설레게 한
햇살 같은 사람

찻잔을 마주하고
물빛 같은 눈빛으로
마음과 마음으로 이어지는 대화 속에
금쪽같은 시간은 흐르고 있다

만나면 우린 헤어져야 한다
짧은 만남이지만 긴 여운으로
어느 날 꺼내볼 수 있는 추억이다

그리운 향기

알고 싶어요
보고 싶어요
함께 하고 싶어요
내가 아는 사람들이 그 어떤 꿈을 꾸는지

연말연시가 다가오니
그대들이 더욱 그립습니다
눈에서 멀면
마음도 멀어진다 하지만
그대들을 향한 변치 않는 내 마음
그 언제나 그리운 향기로 퍼집니다

오지 않는 님

오늘도 보고 싶습니다
가고 오지 않은 사람을

이 가을이 떠나가기 전
그대와 낙엽 길을 걷고 싶습니다

나 그대를 많이 사랑합니다
그대도 날 많이 사랑했으면 좋겠습니다

오늘도 오지 않는 님을 기다립니다
기다림 속에 인내를 키웁니다

소중한 인연

다정한 연인
사랑스러운 눈빛으로
무엇을 말하려는지
어떤 생각을 하는지
무엇을 좋아하는지
다 알 수 있는 그런 다정다감한 연인
우린 그런 연인으로 물들어가고 있다
그 소중한 인연
영원하게 하소서

나 하나의 사랑

나 하나의 사랑을 가슴에 품고
문득 고개를 들어 하늘을 봅니다

이제는 볼 수도 만날 수도 없는 그대
하얀 뭉게구름 위에 그대 모습 그려봅니다

영원히 그리움을 간직한 채
미래를 예약합니다

그리운 얼굴

반겨줄 사람 많은데
비대면으로 만나지 못하고
애타게 보고 싶은 마음
환하게 비추어 주는 달빛에
희미하게 보이는 그리운 얼굴들
참았던 눈물이 또르르 흐른다

아련한 그리움

시야에 보일 듯 말 듯한 호숫가
안개가 자욱하다
운치 있는 풍경
향긋한 커피에 모락모락
피어오르는 그리움은
기억 속에 떠오르는 추억이다

파란 바다

물결 따라 파도가 일렁인다
넓고 파란 바다
지친 영혼을 맑게 일깨워주고
탁 트인 바다
모든 것을 수용해주는
마음의 고향이자 어머니다

기다리는 시간

슬픔은 잠시
행복은 길게

인생은 고통의 연속이지만
그 해답은 시간이라 생각한다

힘겨웠던 날들
마음 안에 꽃으로 장식하고
좋은 날을 예약한다

별

별빛 속에 빛나는 그대
나에게 환한 빛으로 안내한다

그대가 어둡고 힘들어질 때
빛나는 별로 태어난다

그대에게
영원히 남는 별빛으로
온 세상을 환하게 물들이고 싶다

나무

나무와 나무 사이에 우거진 숲
서로 얼굴을 맞대고 비비면서
피톤치드를 뿜어낸다

나무는 항상 그 자리에 서서
자외선으로부터 그늘이 되어주고
우리가 그 언제나 쉴 수 있는 힐링의 공간
명상으로 치유의 숲이 되어주고
푸르른 신록은 싱그러움으로
면역세포가 활성화된 듯 설렌다

행복

다리를 건너 저 멀리 보이는 외딴집
외로움이 밀려온다

그런 집에 누가 살고 있을까
가까이 다가갈수록
집 안에서 들려오는 웃음소리

행복은 멀리 있지 않고
내 마음 안에 있다는 것을

나의 보물

보물은 소중하다
우리 가족은 나의 보물
기쁠 때나 슬플 때
외롭거나 힘들 때
다 함께 나누며 공유한다
항상 곁에 있을 땐 소중함을 못 느끼지만
떨어져 있거나 힘들 때
더욱 나의 보물이 생각이 난다
있을 때 잘해야겠지

새들의 세계

말이 없는 아기 새들은 입을 벌리고
부모 새를 애타게 기다린다

부모 새는 아기 새들을 위해
나무껍질을 벗겨 벌레를 입에 물고
하루 300번의 먹이를 나르다
입에 넣어준다

아기 새들은 2주 만에 깃털이 나고
부모 곁을 떠나면
동족과 치열한 경쟁을 한다
하지만 멀리 가지 못하고
나뭇가지에 매달려
부모 새를 기다린다

부모 새는 아기 새한테
치열한 경쟁의 세계를 훈육하고
생존의 필수 기술을 가르친다

새들의 세계는
참다운 인간의 정을 느끼게 한다

내 곁에 온 가을

계절은 시간이 흘러
내 곁에 가을이 와있다

무더운 여름이 가는 소리
열매들이 익어가는 소리
밤이 떨어지는 소리
낙엽을 밟는 소리

선선한 바람이 일렁이는 가슴속에
쓸쓸함이 적셔온다

핑크 뮬리

바람 불어 흐느적거리며 춤을 추는 너
가느다란 줄기에서 뿜어 나오는 핑크빛
화사한 핑크빛 물결에 감동하는 사람들

순간 우울감으로부터 벗어나게 해주는 너
오늘 하루 너로 인해 참으로 행복했다
긴 여운으로 추억이 되는 핑크 뮬리

바람의 언덕

무작정 떠나서 발길이 닿은 곳
거제도 바다 향기는
평온함으로 감싸준다

푸른 잔디로 뒤덮인 누워있는 언덕
지쳐있는 그 누구나 편히 쉬라는 바람의 언덕
쏟아지는 햇살에도 벗지 않은 겉옷
바람의 언덕의 강한 바람은 겉옷을 벗긴다
쌓인 스트레스를 확 날려줄 향긋한 바람
바람의 언덕은 나의 영원한 쉼터

부모님 은혜

주고받는 사랑
사랑의 꽃이다

주고도 더 주고 싶은 사랑
받기만 하고 주는 마음 부족한 사랑

한없는 부모님 은혜
그 언제 보답할까

버스킹 공연

길거리에서 울려 퍼지는 아름다운 선율
가던 발걸음을 멈추게 한다
오감으로 모인 그 자리엔
모두가 감동으로 한마음이다
버스킹 공연은 삭막한 거리에 활력을 준다

홈캉스

대면하기 힘든 언택트 시대
보고픈 사람을 만나지 못하고
자유로운 일상이 부담스럽고
코로나 블루로 이어진다

변치 않는 영원한 마음을 담아
홈캉스로 달래본다

그대 그리고 나

창 넓은 가로수 길에 떨어지는 낙엽
텅 빈 내 가슴엔 외로움이 물들고 있다
쓸쓸한 가을 길을 그대와 걷는다면
걸어가는 그 길은 외롭지 않은
사랑이 스며드는 그대 그리고 나

3부

자연을 통한 정화와 휴식

자연이 주는 참 평화

삶과 어우러진 연둣빛 평야
고요한 에메랄드빛 호수
지친 심신에 평화를 준다
신선한 공기는
오염된 폐를 정화해주고
영혼을 위로하는 청정제
눈만 뜨면 펼쳐지는
아름다운 자연은
물 흐르듯
계절이 지나가듯
모든 것 비우고
느림의 미학으로 순환한다
이 잔잔한 섭리가
자연이 주는 참 평화이다

우리 인생도 그러하거늘

지는 꽃잎을 바라보며 눈물짓고
피어나는 꽃의 신비로움에 미소 짓고
아름다운 꽃은 피고 지고
마음 아프게 지고
화사하게 피어난다
우리 인생도 그러하거늘

한 폭의 수채화

산세가 아름다운 곳에
형형색색 물감을 뿌려놓은 듯
곱게 단풍이 들었다
한 폭의 수채화 같은 풍경을
짧은 순간이지만 길게 오래 보고 싶다

한 잎 두 잎 떨어지는 낙엽은
예쁘게 수를 놓았다
생각하는 로댕이 되어
낙엽 길을 바스락거리며 걸어본다

봄꽃 향기

원 없이 봄 향기 날리며
꽃비를 맞으며
부드러운 봄바람이 향긋한 꽃향기를 품은 채
봄꽃 속에 흠뻑 취해본 어느 날

꽃구경하러 여기저기서 나들이 온 상춘객들
그 인파로 교통체증이 너무 심해도
그 봄꽃들은 마냥 웃지요

곳곳에 봄꽃 물결로
상춘객들 함박웃음이 가득하다

그 아름다운 봄꽃들로 세상 가득
오래 보고 싶다

숲속 파티장

숲속은 멋진 파티장이다
고운 새소리
부드러운 바람
유리알 같은 햇살
파란 하늘에 떠있는
뭉게구름
초대받은 친구들이다

숲속 파티장은
평안한 안식처
영원한 휴식처
초대받지 않은
인생의 그림자도 와있다

순백의 눈꽃

별빛을 맞으며 걷는 그 길에
맑은 영혼을 담아
쏟아지는 별빛을 가슴에 주워 담았다
하늘에서 흩날리는 별빛은
눈부신 순백의 눈꽃이다

신비로운 사랑

외로운 저 새 한 마리 훨훨 날아서
산을 넘고 바다를 건너
그 어느 곳에 예쁜 둥지를 화려하게 짓고
암새를 유혹한다

눈 높은 암새 수새의 정성스러운 유혹에도
좀처럼 넘어가지 않네
수새의 지속적인 구애에
못 이기는 척 넘어온 암새
수줍어 어쩔 줄 모르네

구애에 성공하자
기고만장한 수새 순식간에 떠나네

사랑은 아름답지만
때론 허무하고 신비롭다

사계절을 기다리며

사계절이 있어 좋은 우리나라
하지만
점점 사계절이 없어지고
추운 겨울날 따뜻한 봄을 기다리다 보면
어느덧 더운 여름날이 찾아오네

따뜻한 봄날이 오면
아름다운 봄꽃 축제에 초대되고
무더운 여름이 오면
시원한 수박 먹으며 계곡에 발 담그고
쓸쓸한 가을이 오면
오색찬란한 단풍에 외로움을 달래고
추운 겨울이 오면
따뜻한 방 안에서 창밖으로 보이는
하얗게 눈 덮인 설경을 관람하네

사계절은 우리에게 여러모로 정서를 전해주네

예쁜 단풍잎

경치가 아름다운 단풍 길
가는 곳마다 가을이 따라온다
예쁜 가을을 곁에 두고 싶은데
깊어가는 가을은 떠나려 준비하고 있다
아쉬운 맘에 빨간 단풍잎
곱게 펴서 책갈피에 꽂아놓았다
사계절 내내 가을을 느낀다

꽃잔디

꽃잔디 심어놓고 꽃 피기를 기다리며
물 주고 사랑 주고 정성을 다한다
자라나는 잡초는 꽃잔디를 질투하지만
꽃잔디를 응원하고 잡초를 뽑아낸다

사랑을 잘하는 꽃잔디는 번식력이 강하고
피어나는 꽃잎 속에 사랑스러운 눈길이 머문다

활짝 핀 꽃잔디가
길가에 붉은 물을 들이고
화사한 꽃잔디는
길에서나 내 마음속에나 가득하다

무더운 여름날

어느 무더운 여름날
모두가 불쾌지수 높다
하지만
경직된 내 몸을 찜질해주어
뭉친 근육이 이완되네

혈류가 내 온몸을 돌고 돌아
뻣뻣 근육 좋아 좋아 땀방울 흘리네

몸은 덥지만 긍정적인 마인드로 쿨하게
무더운 여름날 건강하게 보내련다

소낙비

소낙비가 내리고 있다
천둥 번개를 넘어온
굵은 빗방울 소리
미세먼지 씻어줄 비
여름이 모인 자리에서
빗물 머금은 꽃들에게
맑은 하늘을 예약한다
그 속에 숨은
청아한 바람과 함께
침묵하는 소낙비

푸르른 오월

여기저기 푸르름으로 일렁이는
계절의 여왕 오월

싱그러움에 내 마음을 살짝 뺏긴 오월
아름다운 대자연에 숙연해진다

사방을 둘러봐도
연둣빛 푸르름
그 푸른 신록 가득 안고
내 마음 설렌다

그 언제나 푸른 인생 꿈꾸며
푸르른 대자연은 영원한 나의 동반자

그 멋진 풍경은
내 안에 영원할 것이다

짧은 봄의 향연

봄소식이 기대되는 이때
산 너머 멀리서 아지랑이가 피고

찬란한 봄빛은
가슴에 따스하게 스며온다

화사한 봄꽃 축제에 초대된
하얀 뭉게구름 나비 봄바람
짧은 봄을 어루만진다

아름다운 꽃

소리 없이 찾아온 우울한 봄날
화사한 봄꽃들이
수줍게 함초롬히
나를 반긴다

코로나로 우울한 나날
방긋 웃는 봄꽃들로
순간 위안이 되네

아름다운 꽃들은
나에게 영원한 엔도르핀이다

보석보다 아름다운 봄 햇살

강변 따라 걷는 그 길에
봄바람이 가슴에 스친다

봄 햇살이 쏟아지는 물빛은
보석보다 더욱 반짝 빛난다

봄 햇살을 맞으며 걷는 그 길은
시리도록 눈부시다

야생화

야생화 한 송이 홀로 피었네
화려하진 않지만
청초하게 피어있는 야생화
가던 길 멈추고
눈을 맞추다 보니 더욱 아름답다
가녀린 너를
꼭 안아주고 싶다

눈물 속에 피는 꽃

하염없이 흐르는 눈물
뜨거운 그 눈물 속에 피는 꽃
거친 비바람이 분다 해도
세파에 순응하며
아름답게 피어나리라

장미의 사랑

별일 없겠지 하면서도
생각나고 걱정되는 게 가족이다

활짝 핀 빨간 장미
그윽한 향기를 가득 안고
우리 가족은 감탄하며
환한 미소를 머금었다

우리 가족은 살아있으매 감사하며
장미의 사랑을 느낀다

지리산

상상만 해도 아름다운 산
빛 받은 능선이 보이는 지리산
오색찬란한 단풍 사이로
지치지 않고 노고단까지 정상에 오른
지난날의 젊은 어느 날

산 좋고 물 좋은
유명한 지리산 자락을 등에 업고
가파른 피아골 계곡으로
쉼 없이 내려오고 있었다
아름다운 섬진강이 흐르는
구례로 향해

국화꽃

하늘 아래 무한히 펼쳐지는 자연
은은하게 퍼지는 향기에 내 마음을 뺏긴 순간
노란 황금빛으로 내 곁에 다가온
내 엄마 같은 꽃이여
눈물보다도 더 뭉클하게 무더기 져있고
송이송이 소담스럽다

융단처럼 부드러운 국화꽃은
내가 힘들 때 용기를 주고
내가 외로울 때 다정한 친구가 되어주고
내가 슬플 땐 한없는 위로로 정화시켜준다

국화꽃이 활짝 피어나는 이 가을에
사랑하는 엄마가 더욱 그립다

은행나무 길

하늘에서 은행 나뭇잎들이
나비처럼 내려
가로수 길이 노란 황금빛으로 물들었다

하던 일 멈추고
노란 은행나무 길을
마냥 걸었다

걷는 그 길은 하루의 시작이자 마침표다

봄꽃

온화하게 봄이 오는 소리
싱숭생숭 설렘 속에
연분홍 새 옷으로 갈아입고
봄 처녀가 되어본다

기대되는 꽃 소식에
한 걸음 한 걸음 다가가 본다
봄꽃들이 나를 보고 벌어진다
예쁜 봄꽃은 나의 에너지다

설레는 봄날

활짝 핀 하얀 눈꽃 송이처럼
눈부신 벚꽃
눈팅만 하다가
애타게 가슴에 품고
지천에 만개한 행복을 전해주는 봄꽃
화사한 봄꽃들이 벌어지는 봄날은
설렘이다

자연과의 대화

생각이 많고 고민이 될 때
자연과 대화를 나누며
해법을 찾는 것이다

4부

존재에 대한 내면적 성찰

창조적인 표현

표현을 해야 할까요
마음속에 생각만 하고 있을까요

당신을 사랑하는 마음
기쁘고 감사한 마음
당신에게 엔도르핀을 전합니다

당신에게 화나고 언짢을 때도
당신 마음이 다치지 않게
인내하며 짧게
긍정적인 마음으로 표현을 하고

서로 간에 창조적인 표현을 간구하며
당신의 꿈은 나의 미래입니다

흔들거리는 것

흔들거리는 꽃들 속에
아름다운 꽃들도
흔들거리며 피었고

아름다운 삶도
흔들거리며 젖어가고
내 마음도 흔들흔들

살아간다는 것은 흔들거리는 것이다

아름다운 말 한마디

말이 많으면 실수가 많고
말이 없으면 알 수가 없고
말 한마디로 천 냥 빚을 갚듯
아름다운 말 한마디로
진심이 전해질 때
진실은 더욱 빛이 난다

다정한 연인

서로 마주 보며 살아가는 우리
한 곳을 바라보며 다른 생각을 한다
하지만
외롭거나 슬플 때에는
서로에게 위안이 되어주는 우리
서로가 서로에게 예쁜 꽃으로 남고 싶다

사랑은 아름답다

세모 네모 둥근형 계란형 얼굴
성격도 다 다르고
혈액형도 사람마다 다 다르다
하지만
서로 사랑하는 마음은 그 누구나 다 같다
우리 사회가 사랑하는 마음을 가진
사람이 많아지면 좋겠다
사랑은 이 세상에서 젤 아름다운 것

마음을 편하게 하는 삶

잊고 살아야 할 때도
필요하다
사람들로 인한 마음의 상처
마음을 편하게 하는 삶은
때론 잊고 사는 것이다

부메랑 효과

기다리는 그녀들이 있어
내 마음은 설렌다

코로나19로 비대면이지만
주는 사랑은 베푸는 삶으로
복이 돌아오는 부메랑 효과

개인주의가 팽배한 시대에
살고 있는 우리
서로서로 협력하고
배려하는 마음을
그녀들에게 주고 싶다

존재의 이유

삶은 때론 우울함도 주지만
내 안에 피는 웃음꽃이 있다

바람은 부드럽고
비는 향기롭다

날마다 돌아오는 내일이 있기에
살아가는 존재의 이유가 된다

희망의 길

아름다운 풍경을 보면
모난 사람도 둥근 감성을 자극하고
자연에 순응한다

지치고 외로울 때
자연은 한없이 받아준다

그 모든 짐 내려놓고 오는 길
그 길은 새로운 희망의 길이었다

내 삶에서 가장 행복한 날

지금까지 걸어온 길
한 번쯤 뒤돌아보며
다가올 미래는 아무도 모르는 일
지금 현재 이 순간
내 삶에서 가장 행복한 날

이렇게 아름다운 세상에서
맛있는 거 먹고 좋은 생각만 하고
아름다운 것만 보면서
남을 이해하고 배려하며 베푸는 삶으로
가장 행복한 날들을 만들며 살아가는 날

나 혼자 산다

나 혼자 살아가는 1인 세대
비혼주의로 많아진 1인 세대
의식주 문화가 변하고 있다
당당하게 더욱 멋진 삶이 되길
노력해본다

나 혼자 혼밥 먹고
나 혼자 음악 듣고
나 혼자 산책하고
나 혼자 글 쓰면서
당당한 삶으로 소확행을 누려본다

듣고 싶은 말

말하고 싶지 않았다
그냥
무언의 눈빛으로 알 수 있는 우리
하지만
무언의 눈빛보단
기분 좋은 말
듣기 좋은 말을 듣고 싶다

고상한 취미

고상한 취미는 그 언제나
나에게 활력소로 다가온다
나에게 맞는 취미는
꿈속에서 꿈을 꾸듯
앉으나 서나
시어들이 머릿속을 맴도네
영감이 떠오를 때 쓰는 시
그 고귀한 시 한 편 속에서
뇌세포가 그 길을 활짝 열어주네

나의 집은 쉼을 전해준다

나의 공간이 있는 그곳 나의 집
나의 휴식처이자 안식처
평온함이 머무는 그곳 나의 집
영원한 보금자리
평안한 휴식처로 지친 심신을 힐링하는 나의 집
지상낙원을 꿈꾸며
오늘도 나의 집에서 쉼을 전한다

라디오는 나의 친구

라디오 프로그램 다양하다
유익한 정보는 생활의 지혜를 주고
발라드 음악은 내 안에 깊은 감성을
경쾌한 음악은 내 몸짓에 흥을 더한다
무심코 흘러나오는 라디오 소리는
무료함에 감성을 자극하기도 한다

멍 때리기

누군가가 나를 반겨줄 오늘
햇살이 눈부시게 비치는 창가에
까치가 짹짹 지저귄다

그 고운 소리에
반가운 소식을 전해주듯
한참 동안 내 마음을 뺏긴
멍한 순간이었네

로댕이 되어본다

로데오 거리 창 넓은 카페에서
차 한 모금을 음미한다

오고 가는 수많은 사람들 바라보며
생각에 잠긴다

이 순간 로댕이 생각난다
내 마음속 깊이 간직한 사연
살짝 꺼내어 로댕이 되어본다

감사한 마음을 온몸으로 느끼며

오늘 하루도 시간이 흘러
감사함이 내 곁에 찾아왔다
나에게 주어진 모든 일들에 감사하며

내 마음속 깊은 곳에 녹아있는
따스함을 건져내어
가슴 아픈 그들에게 나누리라

한 줄기 빛

본죽을 사 온 지인
영양이 풍부한 전복죽과 녹두죽

감기로 입맛이 없었던 나
날 위한 지인의 사랑을 생각하며
부드럽게 식도를 타고 넘어간 죽은
내가 딛고 일어설 힘이 되었다

그 지인의 따스한 마음은
내 안에 한 줄기 빛이 되었다

진정한 행복

오늘의 햇살은 찬란하다
마음의 평온함으로 내 안에 기쁨이 가득하다
세상이 어떠한들
난 지금 초록빛 물결 속에 있다
진정한 행복은 지금 추구하는 것

소중한 빛

빛은 참으로 소중하다
고운 빛은 어둠을 환하게 밝혀주고
통증을 치료해주고
풍성한 열매를 맺게 하고
내 가슴에 영원히 빛나는 생명이다

아카시아

가지는 산발이고 가시가 많아 볼품없어도
기대 없는 모습이 번식력은 강하다

온 산하에 꽃향기가 향수처럼 퍼지고
가지마다 피어나는 꽃송이가
꽃구름 되어 어우러진다

아카시아 꽃향기에 취한 사람들
사르르 녹는 꽃잎을 음미한다

볼품없는 겉모습은
눈에도 마음에도 안 보이고
변신은 무죄인가
나는 아카시아다

평화로운 마음

물빛 고운 호수가
겨울 색으로 가득하다

외로이 떠도는 물새 한 마리
유유자적하다

나의 시선이 머무는 눈길에
평화로운 마음 가득하다

이별

아쉬움을 남긴 채
뜨거운 커피는 싸늘하게 식어가고
할 말이 많은데
말 한마디 못하고
서로가 가슴에 멍에로 남는다

무엇이든지 할 수 있는 소중한 발

족욕으로 오늘 하루 피로를 풀고
날 위해 고생한 발을 어루만지며
오늘 하루도 고생 많았어
토닥토닥 안마해준다
나의 발은 무엇이든 할 수 있는 원동력
내가 딛고 일어설 힘이 되어준다

두 발로 그 어느 곳이든 갈 수 있고
두 발로 운동할 수 있고
두 발로 그림도 그릴 수 있고
두 발로 온 전신을 균형 있게
지탱할 수 있다
소중한 나의 발은 생명의 원천이다

나은숙 시집
『더 깊고 더 아픈 사랑』 평설
- 인간과 자연에 대한 따뜻한 사랑 -

문복희(시인, 가천대 교수)

나은숙 시인은 따뜻한 사람이다. 그는 인간을 사랑하고 자연을 사랑하고 문학을 사랑하는 사람이다. 이러한 사랑에서 따뜻하고 온유한 그의 성품이 나오게 되었다. 그의 문학세계는 인간과 자연에 대한 따뜻한 사랑을 근간으로 시작한다. 이 사랑의 변주곡이 시간과 공간을 넘어 그리움으로 자리 잡고 어머니와 고향 이야기로 연결되면서 서사적 구도로 진행되기도 하고 추억의 한 장면으로 서정화되기도 한다.

1부와 2부에서 일상에 대한 시인의 시각은 인간에 대한 따뜻한 사랑에 시선을 맞추며 시 세계를 구축해간다.

다시 내민 손
잡을까 말까
수줍어하면서

꼭 잡았다
따스한 전율이
가슴으로 스민다

「따스한 전율」

이 작품은 악수 장면이 소재로 등장한다. 악수는 평범한 일상의 행위이지만 단순한 인사 절차만은 아니다. 화해의 공간, 사랑의 시간을 만들어주는 사랑의 구체적인 표현이다. 시인은 일상에서 놓치기 쉬운 소재를 그의 시적 세계로 끌어와서 자연스럽게 사랑의 정서로 풀어나가고 있다. 이 작품 속에서 '손'은 잡을까 말까 하는 '긍정과 부정'의 세계를 넘어, 나와 상대방을 완충시키는 매개체이다. 아울러 '너와 나'의 존재를 함께 바라보는 손이며, 수줍어하면서 서로가 꼭 잡는 통합의 손이다. 나로부터 시작한 따스한 사랑이 '손'을 통해 전율로 파급되고 있다. 이 작품은 가슴에 남는 사랑의 원리를 담담하게 보여주는 우수작이다.

보고 또 봐도 보고픈 사랑
눈을 감아도 망막 속에 맺힌 사랑
잠이 들면 꿈속에서 아늑한 사랑
상상 속에 용광로처럼 끓는 사랑

그 사랑을 더하면 눈물이 강이 되고
그 사랑을 빼면 순수한 사랑만 남는다

사랑은 주고받는 사랑보다
한없이 주거나 무조건 받기만 하는 사랑이
더 깊고 더 아픈 사랑이다

「더 깊고 더 아픈 사랑」

이 작품의 중심 테마는 사랑이다. 사랑은 인류 공통의 주제이며, 사랑이 내포하고 있는 함의(含意)가 매우 넓고 깊어서 사랑의 본질에 대한 우리의 접근이 쉽지는 않다. 사랑이 자아와 타자의 완전한 합일에서 환희와 충일을 준다고 하지만, 근원적으로 완전한 합일이 불가능하다는 존재론적 단절의식에서 보면, 주고받는 완전한 사랑은 보편성을 갖기가 어렵다.

이 작품 속에서도 사랑은 주고받는 사랑의 단계가 아니라, 갈등과 고뇌를 통해 절제와 극기의 미학으로 다스려지고 있다. 또한 사랑이라는 시어의 애매성과 모호성을 극적으로 보여주고 있다. 사랑은 주고받는 사랑보다 한없이 주거나 무조건 받기만 하는 사랑이 더 깊고 아프다는 시인의 고백이다. 수학 공식 용어인 더하기와 빼기를 인용하여 사랑을 더하고 빼면서 사랑의 모호한 경계를 넘나들고 있다. 이 작품은 사랑의 깊이와 아픔의 섬세한 정서를 미감(美感)으로 표현하고 있는 표제작이다.

3부와 4부에서는 자연을 통한 정화와 휴식의 세계를 보여주며 더 나아가 존재에 대한 내면적 성찰을 탐구하고 있다.

그의 작품 「자연이 주는 참 평화」를 감상해보자.

삶과 어우러진 연둣빛 평야
고요한 에메랄드빛 호수
지친 심신에 평화를 준다
신선한 공기는
오염된 폐를 정화해주고
영혼을 위로하는 청정제
눈만 뜨면 펼쳐지는
아름다운 자연은
물 흐르듯
계절이 지나가듯
모든 것 비우고
느림의 미학으로 순환한다
이 잔잔한 섭리가
자연이 주는 참 평화이다

「자연이 주는 참 평화」

자연을 바라보는 시인의 시선은 '참 평화'에 초점을 두고 있다. 깨끗한 영혼을 지켜나가는 시인은 모든 것을 비우는 무소유의 마음을 자연에서 배운다. 비움의 삶과 느림의 미학을 통해 자연의 원리를 깨달아간다. 시인의 지향성은 계절이 지나가듯 자연의 순환 원리에 따라 살면서 자연의 정화와 청정성을 추구하는 것이다. 자연은 인간에게 고향이며 시인의 원형적 공간이다. 자아와 세계와의 화해를 유발하는 자연이라는 공간은 현실과 자아를 정화해주고 영혼을 청정하게 해주는 중요한 바탕이 되고 있다. 이 자연 속에서 휴식을 원하며 여유와 참 평화를 지향하는 시인의 삶과 자연관이 시 세계에 그대로 녹아있다.

> 삶은 때론 우울함도 주지만
> 내 안에 피는 웃음꽃이 있다
>
> 바람은 부드럽고
> 비는 향기롭다
>
> 날마다 돌아오는 내일이 있기에
> 살아가는 존재의 이유가 된다

「존재의 이유」

이 작품은 우리로 하여금 삶에 대한 성찰을 경험하게 한다. 시인이 추구하는 삶의 탐색 과정은 존재의 자아 확인과 모색, 그리고 미래에의 탐색으로 이어진다. 삶이란 우울함과 웃음, 바람과 비를 통해 조화롭고 균형있게 진행되지만, 시인에게 내일이 없다면 존재 이유가 없다. 내일이라는 희망은 새로운 삶의 단계로 우리를 안내하는 존재 이유가 된다.

나은숙 시인의 첫 시집 『더 깊고 더 아픈 사랑』은 그의 사랑과 삶이 그대로 담겨있는 보배로운 시집이다. 이슬처럼 맑고 깨끗한 그의 영혼이 시 세계를 지배하고 있으며, 난초처럼 살아온 그의 품격이 녹아있는 고아한 시집이다.

첫 시집 출간을 축하하며, 독자들의 영혼을 울리는 시집이 되기를 바란다.